媽媽的每一天

高木直子手忙腳亂日記

高木直子◎圖文
洪俞君・陳怡君◎譯

前言

長年都是一個人過日子的我……
懶懶散散~
蝦子米果
在41歲的時候結婚了……
先生小亞
年長2歲
42歲時懷孕。
恭喜您！
在此之前，我總以為女人懷孕之後沒多久就會生產了……
哦~
嚼
嚼
NEWS
○○公主有孕在身了!!
○○公主順利誕生男嬰!!
哇，已經生出來囉!!
看到自己的預定表時……
長長一列~
呃~現在是五月，預產期是明年的二月……
接下來還有多少週呀？
再加上我已是高齡產婦……
我有辦法順利撐到預產期那一天嗎~
好長一段時間都處於不安的情緒中。
真希望時間可以過得快一點~!!
緊張
不安

還是先把注意力放在十六週的穩定期吧……
嘔~
孕吐
我不斷祈禱能夠順利度過每一天……
一切都很好唷~
鬆口氣
夏天快過去吧，秋天快來，冬天也快來吧~
唧唧~
唧唧~
終於到了穩定期~
哇~
時光緩緩流逝……
散步散步!!
肚子變得很大了耶~
是喔?
要小心肚子不要去撞到或冷到~
就快到了……就快到了……
終於，女兒誕生了!!
嗚哇啊~~
終於完成任務!!雖然心中充滿了成就感……
辛苦妳了。
嗚嗚……
剖腹生產
但這並不是終點，而是起點呀!
哇!!
變身
MAMA
我完全沒時間休息，立刻進入媽媽模式，展開新生活!!

目次

第3章

小米【9～12個月】

人生第一次的……實在多到不勝枚舉

目次

小米【1歲1個月～4個月】即便是常去的公園或超市也處處是新奇

小米【1歲5個月～8個月】

女兒的笑容治好了腰痛？

喀啦喀啦

第1章

媽媽的每一天

小米

【0～4個月】

馬不停蹄！
新手媽媽的每一天

外婆與外公也都來了

生下女兒之後，我們回到家。
這裡是我們家喔～
要讓她躺在哪裡呀？
先躺在這邊吧？
坐墊
哇～回到家一瞧，女兒看起來更小了～
迷你
要小心，千萬別踩到她啊。
剛出生八天的女兒……
哇～
哇～
對耶，我該餵小米喝奶!!
在醫院的時候，都是請人幫忙泡奶粉～
一匙
兩匙
哇啊～
MILK
這個溫度跟體溫差不多嗎？
奇怪～喝完奶之後怎麼沒打嗝？
拍
拍
拍
拍
拍
拍
拍
換我來吧？
嗚哇～脖子好軟喔～
小心
一定要撐住脖子喔!!
爸爸首次幫忙洗澡
哇～大便了!!
而且還吐奶!!
哇～!!
天哪～
哇啊～
父母同樣都是剛出爐的新手。

一到早上，老公就去上班了。
我會早點回家的。
妳要加油喔～
喔……嗯。
嗚哇～
啊，醒了!!
女兒除了睡覺時間之外，幾乎都在哭……
乖乖喲～怎麼啦？
已經喝過奶了，也沒有大便。
該不會是哪裡痛吧?!
是太冷？還是太熱？
嗚哇～
嗚哇啊～
此時並沒有想到可愛兩字……
只覺得她根本是我完全不認識的一種生物啊……
嗚哇～
嗚哇～
這時候，救星出現了。
現ー身
哇哈哈，我來囉～!!
出院第二天起的兩個星期，老媽會來幫忙我帶孩子。
哇～就是這孩子嗎～!!
哇～好小一隻唷～!!
嗚哇
嗚哇
乖乖喔，哭得這麼大聲，這孩子精神真好!!
乖喲～
看起來好可愛唷!!
可愛……
乖喲～
乖喲～
此時才開始有了一點喜悅的心情。
嗚哇～

嗚……
痛痛痛……
來吃止痛藥…
妳才剛剖腹生產，
不要太勉強身體!!
以前的人產後要在床上躺三週呢！
這段期間妳給我老實待著!!
好好坐月子吧!!
嚴厲
好……好啦。
我隨便做的，
來吃午餐吧～
之後老媽每天都幫我做飯……
嚼
嚼
嗚嗚……太棒了～!!
之前都只能吃醫院的伙食……
還幫忙我照顧女兒……
哇哈哈，
大了好多便便喔～
嗚哇啊～
妳是用哭哭來告訴我的，
對不對呀～
嗯～好乖好乖，
真是個聰明的孩子～
連便便都這麼可愛～～♥
嗚哇～
而且不停地稱讚我女兒……
生產之前，我一直覺得不需要煩勞老媽，我自己應該沒問題……
生產之後要來幫忙？
不用特地跑來啦～
哈哈哈
幸好老媽有來，
真是幫了大忙。
乖喲 乖喲
嗚哇～
泡牛奶好了～
尿布

倒是老爸就得自己看家了。
喂，老伴呀～
嗯嗯……
沒想到直子的精神還不錯呢～
小米好小一隻，看起來好可愛好可愛～
滔滔
不絕
滔滔
抱起來軟軟的，沒什麼重量～
啊哈哈
不絕
老爸一個人看家一定很寂寞吧……
我心裡這樣想時……
現身!!
結果，老媽來我家住了三天之後，老爸也跟著跑來了。
熱鬧
外公來囉～
請喝茶
熱鬧
是外公喔!!
滾滾
滾滾
好擠喔…
等一下老爸，你在做什麼？
我在幫她錄哭泣的聲音啦。
嗚哇～
麥克風
乖喲乖喲
等她長大後給她聽這個錄音帶，一定會很懷念!!
這是記錄當下的錄音帶!!
當二老要一起離開回家去時……
再見～
兩人要同心協力加油喔～
來～到了吃奶的時間囉～
嗚哇
嗚哇
體力恢復之後，心情也慢慢跟著放鬆下來了。

即便手忙腳亂，凡事都只能自己來的一天

哼伊伊～
哎呀，還吃不夠嗎？
抱歉，我馬上就去泡牛奶!!
嗚哇～
除了母奶，我同時也會餵沖泡奶。
急急
忙忙
牛奶來了，等很久了厚～
嗯～很好喝吧～
吸
吸
吸
好啦，打個嗝吧……
抖
噗啵啵…
啊，便便了嗎?!
怎……怎麼辦？不打嗝的話會吐奶，雖然很恐怖……
嗚哇啊～
但還是先換尿布吧？不然會哭個不停……
拍
拍
叮咚～
我都快忙死了，是誰啦?!
嗚哇～
雪上加霜的是……
啊！
很少流鼻血
滴下
叮咚叮咚～
哇～流鼻血了!!
到底該先處理哪件事啦?!
嗚哇～
嗚嗚哇～
陷入危機!!

呼～終於搞定了。
新生兒尿布
鼻血也不流了…
一直待在家裡手忙腳亂也不是辦法。
今天天氣還不錯……
去外面做做日光浴吧!!
也是得讓她慢慢適應外面的世界。
嘿咻
嘿咻
我們到外面去唷～
嘎啦
嘎啦
和女兒出門又讓我緊張了起來……
緊張
不安
拜託別哭呀～
嘎啦
嘎啦
所以我只在附近繞了一下而已……
嘎啦
嘎啦
咦……笑了耶?!
拉開
怎麼啦？難道是因為看到天空？
還是因為天上有小鳥飛？
笑容雖然只是曇花一現……
呼嚕～
啊……恢復原本的表情了……
美麗的事物、美妙的聲音、美好的氣味……
嗚哇～
天哪～又開始哭了啦～!!
快回家～!!
今後有好多好多事，我都想與妳分享。

女兒哭個不停，只好將她抱起來。手上抱著孩子，結果娃娃車完全推不動……之圖。

和女兒一起散步

女兒也已經三個月了，長得快又健康。
乖~ 乖~
哇哇~
換我來吧。
老公很疼愛女兒，也很積極幫忙，但是……
來~把拔幫妳換尿布~♡
啊嗚
那把拔去上班囉~
掰掰~掰掰~♡
路上小心~
把拔去上班了~……
老公去上班以後，家裡就只剩我和女兒兩個人。
砰
剛開始的時候，這種一個人孤軍奮鬥帶小孩的時間真的很辛苦……
啊啊啊~不管怎麼哄還是一直哭~
哇哇哇~
哇哇~
小亞快點回來吧~!!
嗯！今天天氣不錯，我們去散散步吧!!
但漸漸能帶女兒一起出門，心情也得以舒緩一些。
去哪裡好呢~
喀啦
喀啦
嗯~這邊好像不適合散步~
噗嚕嚕……
可是附近也沒什麼好的散步路線。

我心中理想的散步是像這樣……
微風
輕拂
哎呀呀開始哭了～
這邊有點吵，對吧！
噗噗
叭～
嘎嘎嘎……
哇哇～
還是太熱了？
施工中
先進去超市吧!!
現實卻是如此。
本日消費點數3倍
肉類大特價
嘎啦
嘎啦
對不起，說是出來散步，結果變成買東西而已～
跟馬麻出來買東西喔？
買牛奶回去吧……
哇～你的手好小好可愛喔!!幾個月大啊？
三個月。
啊～
帶女兒出門偶爾會遇到人家這樣跟我們搭訕。
通常都是上了年紀的女性……
嗨～
以前大家是不是也是這樣帶著小孩散散步買買東西呢……
不好意思，我看到小孩就忍不住想逗逗他們……
沒關係。
啊～
弟弟～再見～
噫……她說弟弟……
嗚～
我女兒經常被認為是男生。

我們去一下那個神社吧。
家附近有一個小小的神社，我們經常順路去那裡走走。
嘿咻
去拜拜吧～
來～叮噹～～嘎啦嘎啦～!!
嘎啦
嘛嗚～
嘎啦
請保佑小米平安健康～
啊！妳看！好多花耶!!
這是什麼花啊？
我和女兒很難有一個美好的散步……
妳看～好漂亮喔～
有沒有香香的？
一臉不悅
…
而且也不清楚女兒到底高不高興。
但是假設將來自己臨終時……
回憶過往……
腦海裡應該會浮現這樣和女兒一起散步的情景吧……
呼啊～
想睡覺了嗎？
我如此心想。
我們再去散散步吧♡
嘎啦
嘎啦

騎腳踏車經過的大叔
也誤以為我女兒是男孩……

光想像就眼眶泛淚

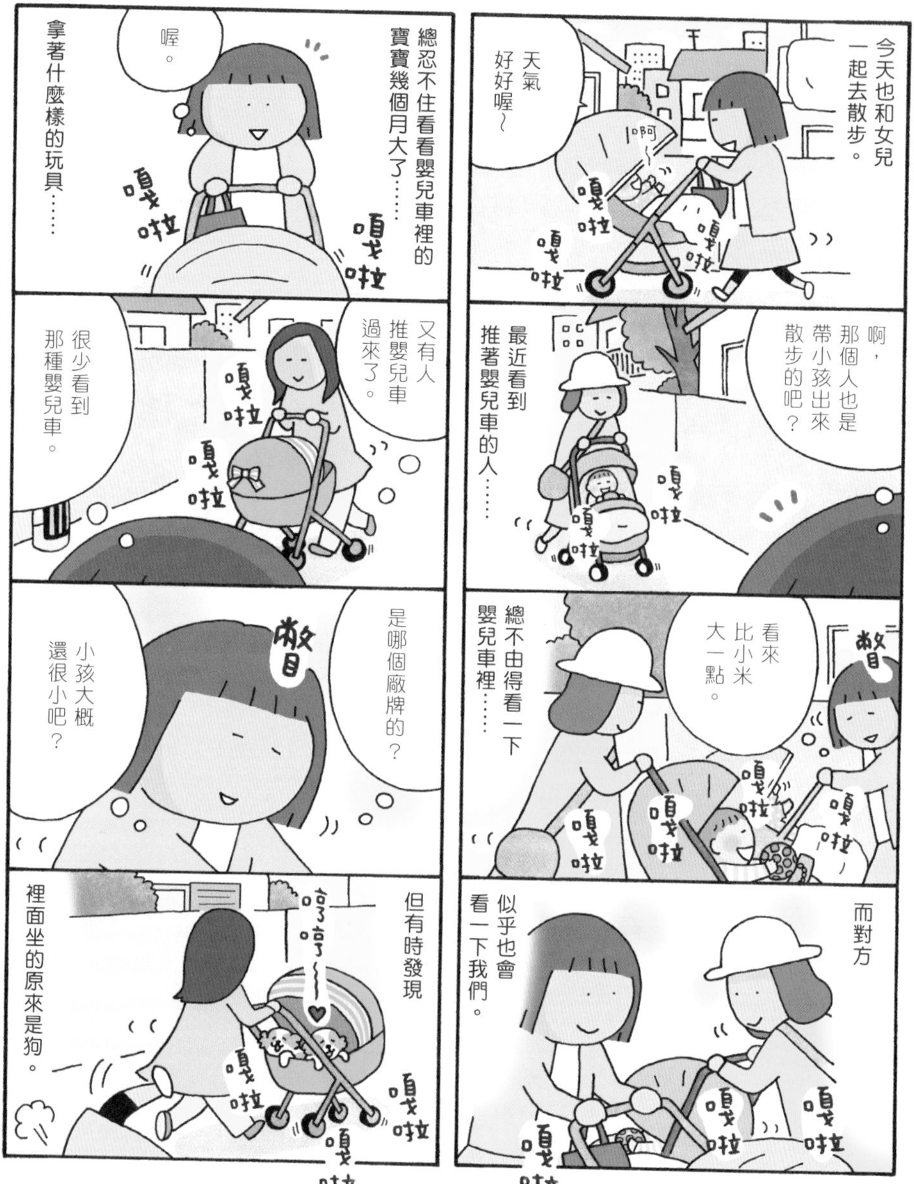

今天也和女兒一起去散步。
天氣好好喔～
啊～
嘎啦
嘎啦
嘎啦
啊，那個人也是帶小孩出來散步的吧？
最近看到推著嬰兒車的人……
嘎啦
嘎啦
看來比小米大一點。
總不由得看一下嬰兒車裡……
瞥
嘎啦
嘎啦
嘎啦
嘎啦
而對方
似乎也會看一下我們。
嘎啦
嘎啦
嘎啦
總忍不住看看嬰兒車裡的寶寶幾個月大了……
喔。
拿著什麼樣的玩具……
嘎啦
嘎啦
又有人推嬰兒車過來了。
很少看到那種嬰兒車。
嘎啦
嘎啦
是哪個廠牌的？
小孩大概還很小吧？
瞥
但有時發現
裡面坐的原來是狗。
哼哼～♥
嘎啦
嘎啦
嘎啦

今天走這條路看看吧！
啊
嘎啦
嘎啦
嘎啦
噫？什麼聲音？好吵喔～
哇
哇
啊，原來是小學運動會!!
砰
哇
哇
哇
大運動會
以前運動會都是在秋天，現在好像也不盡然。
鏘鏘鏘啦
加油
哇
哇
哇
哈哈哈，現在還有滾大球這個項目。
哇
哇
哇
加油
好懷念啊～
妳看妳看～
哥哥姊姊們好棒喔～
哇
啊
哇
小米妳要念哪一所小學呢？
啊
哇
哇
嗚
哇
哇
上小學的時候……
不知道是什麼模樣……
啊

真是的，最近動不動就掉眼淚……
年紀的關係嗎……
哇—
哇—
哇—
念小學……
還是六年以後的事呢。
可是大家不是都說……
小孩子一下子就長大了~
那種日子來臨的速度是不是會快得驚人……
在這晴朗的日子，我如此心想。
應該是一個人去上學吧……
我去上學了~
像這樣有自己的朋友，世界也越來越大……
哇—
哇—
哇—
加紅油隊~
加油~
朦朧~
哇—
哇—
哇—
噫?!
哇—
噫？……
我在哭什麼呀……
哇—
哇—
啊~

這孩子如果是像我，
賽跑想必也會是殿後了～

稍早之前的故事

第一次餵母奶及漫長的夜晚

我生產的醫院採取的是母嬰同室……
剖腹產的產婦，也可以暫時托育寶寶一天，您需要這樣的服務嗎？
嗚哇
嗚哇
呃……我想從今天起就跟寶寶待在同一個房間。
目光
慈祥
新手媽媽
嗚哇
嗚哇
可是……
嗚哇啊～
我女兒都不睡覺，只是不停地哭。
唉～怎麼一直哭個不停呢？
難道是肚子餓～
乖喲乖喲……
嗚哇
嗚哇
那個……我女兒一直哭，可以請您幫我泡個奶嗎？
嗯～剛剛有給她喝20毫升了，接下來要等兩小時後才會再給喲。
這段時間，媽媽就努力一點，讓寶寶多吸一些母奶吧！
內線電話
嗚哇～
此外，這裡也力行親餵母奶的政策，不會無限量提供沖泡奶……
嗚嗚～!! 對不起呀，是媽媽的ㄋㄟㄋㄟ不爭氣，讓妳餓肚子了！
我只能不斷地責怪自己。
媽媽哭～
女兒也哭～

產後第三天，終於恢復正常的飲食了……
喔耶～是義大利麵～♡
嗚嗚……好想吃卻沒辦法吃……
嗚哇～
嗚哇啊～
咕嚕～
咕嚕～
這一天女兒也是一直哭，沒辦法吃飯……
要幫您將餐盤收走嗎？
開門
啊，請再等一下。
嗚哇啊～
抱歉
好希望有人可以來幫我，但老媽要等我出院之後才會來……
母
要不要住院時就去？
不用啦～出院後再來就好了～
……當時有這樣說～
夫
晚上6點之後才能過去～
上班
老姊
波ㄝ波ㄝ
感冒
幹嘛挑這個時候
流感
其他家人也無法來幫忙……
可是……如果我沒吃飯，就沒有乳汁……
這種狀況下就只能這樣吃了……
嗚哇～
嗚哇～
狼吞
虎嚥
張嘴
吸
吸
於是練成了邊餵奶邊吃飯的絕技。

同時也盡量多喝水，促進乳汁分泌……
咕嚕
咕嚕
自己按摩
揉
揉
我來幫寶寶洗澡囉～
太棒了!!
嘎啦
嘎啦
趕緊趁空檔補眠。
一頭倒下
呼呼大睡～
快斷氣了
晚餐的時候老公來了，我終於有時間慢慢吃飯……
哇～好小唷～
嗚哇
嗚哇
但老公很快就回家去了……
我明天會再來～
換洗衣物
會客時間到晚上8點
長夜降臨……
晚上9點熄燈
女兒完全不想睡覺。
快睡唷～快點睡～
嗚嗚……肚子上的傷口又痛了……
嗚哇～
嗚哇啊～
手足無措
慌亂

啊，有簡訊！
嗡～♪
嗚哇～
恭喜妳喜得千金!! 回家之後每天一定都很忙，趁著這段期間好好放鬆，多休息喔!!
嗚哇～
嗚哇～
從朋友那裡收到許多這樣的簡訊，但……
難……難道是我自己不得要領嗎……
根本無法讓身體好好休息啊……
嗚哇～
嗚哇～
我不知道女兒為什麼一直哭……
是因為奶喝得不夠？
尿布沒包好嗎……
還是我抱她的方式不對呢……
嗚哇～
嗚哇～
看著窗外家的方向的夜景……
還要五天才能出院……
剖腹產的住院時間較長
嗚哇～
好想早點回家喔～
嗚嗚嗚～
我也跟著一起嚎啕大哭了。
嗚哇～
嗚哇～

雖然是住院，
還是有一些令人開心的事。
真舒服!!
產後第四天，
我可以洗澡了。
第五天還有慶祝大餐可吃……
牛排與蛋糕!!
週末時，好多人來探望我。
恭喜～
帶壽司來慰勞我耶～
只是女兒
還是繼續哭個不停……
尤其晚上
乖乖～
快睡～
快睡唷～
嗚哇～
嗚哇～
以前不管
截稿日多麼緊迫，
也不曾像這樣
睡眠不足啊……
嗚哇～
嗚哇～
天啊～
至今最十萬火急的一次截稿期
《一個人出國到處跑》
終於等到出院的那一天了!!
幫女兒穿上
事先準備好的嬰兒服……
咕嚕
好了，
我們要
回家去囉～
全部的行李
就這些對吧？

去櫃檯結清費用……
保重身體～
感謝您的照顧
跨出許久不曾邁出的大門……
開門
清風吹來
咻
咻
突然感到很不安……
什麼……我就要抱著這麼軟趴趴的嬰兒進入外面的世界？
之前所有的健康管理都是交給醫院處理……
牛奶也是院方幫忙泡的……
而且我只練習過一次幫嬰兒洗澡……
緊張
不安
惶恐
好可怕……
別擔心，一定沒問題啦。
啊，開始哭了!!
可能是到了餵奶的時間!!
嗚哇
嗚哇
還是趕緊回家吧!!
乖乖喲，馬上就到家了，再等一下下喔～!!
嗚哇～
嗚哇～
三個人的生活就此揭開序幕。

育兒筆記

（譯注：《天才傻瓜》為赤塚不二夫的漫畫作品）。

老爸的伴手
送禮玩具
鏘鏘
我自己做的玩具
產後隔天的晚餐
根本吃不飽～
鼻子壞掉了…
育兒回憶～
慶祝大餐
叮咚♪
叮咚♪
婆婆送的禮物
老媽做的餐食
感動落淚～
緊握…
今後請多指教囉

第2章

媽媽的每一天

小米

【5～8個月】

親子一起慢慢成長

第一次去野餐

假日帶小孩去公園玩。
便當~
點心~
保冰袋~
尿布帶五片應該夠了吧？
攝影機也一起帶過去吧。
還有奶粉、奶瓶跟溫開水~
要不要帶陽傘？
防曬乳液和防蚊液。
要不要帶玩具？
還有野餐墊
要不要帶一套衣服以備萬一？
嬰兒背巾
毛巾和小毯子……
結果帶了一大堆東西……
很重~~
終於來到公園。
我們坐這邊吧~
咻~~
第一次出來野餐的女兒一臉好奇地東張西望。
啊~
啊~
好棒喔~可以看到天空耶~
來喝牛奶吧~
啾
啾
哇~在藍天下喝牛奶耶~
嗝~~
啪
啪
啪
啪
哇~在藍天下打嗝~

呵呵呵，小米很高興耶！
咿～
啞～
那我們兩個大人也來吃飯吧。
準備了很簡單的便當。
飯糰&炸雞塊
而已
給妳冰啤酒～
謝謝～
咿～
我覺得野餐雖然不需要花什麼錢……
在藍天下喝啤酒真美味～!!
呼～
呼～
卻是幸福指數很高的休閒活動。
BEER TASTE 0%
BEER TASTE
啊～
※無酒精啤酒
哇喔～好舒服喔～
啾
啾
EARTH
嘰嘰……
等小米再大一點，我想帶她去動物園玩。
哇～
哇～
好啊～去水族館，她大概也會很高興吧。
啊～
還想帶她去烤肉，搭帳篷露營～
接好～
喔～
嗯～那還很久以後的事吧～
咯～
咯～
哇～
哇～
好想看小米高興的樣子……
想著想著，不由得想起自己小時候。

爸媽雖然有時也會帶我們去玩。
明天我們去游泳池玩水吧
哇！
太好了～
可是我們這幾個小孩實在很不聽話。
喂！不要跑！！
哇！
哇！
特別是我
因此也經常生氣罵人……
我不是跟妳說過不可以用跑的嗎？
吼！
哇！
長大成人的我如此心想。
儘管是陪家人，帶三個小孩出門還是很辛苦吧……
雖然非常辛苦……
哎呀呀呀
呼～
哇！
嘩啦
嘩啦
哇！
可是看到孩子們開心的表情……
媽～
哇！
爸～
你看
你看
應該還是覺得很高興吧……
哈哈……
啊！
哇！
哇！
哇哈哈
為人母之後，我才了解這些。
小米第一次去野餐！！

在公園裡偷偷觀察年輕父母的我們夫妻倆。

女兒身上的香味

我很喜歡聞女兒身上的味道。
嗅 嗅 嗅 嗅 嗅 嗅
呼~
今天也有馬鈴薯的味道耶~
真的？
女兒身上不知為何經常有馬鈴薯的味道。
而且是削生的馬鈴薯皮時的味道。
我聞聞看……
呼~
真的耶!! 真的是生的馬鈴薯的味道!!
我說得沒錯吧~
呵呵……
嗅 嗅 嗅 嗅
而且馬鈴薯的味道每天都不太一樣……
喔，今天手掌有蒸馬鈴薯的味道……
嗅 嗅 嗅 嗅 嗅
今天腳底聞起來有炸薯條的味道!!
真的嗎？
嗅 嗅 嗅 嗅 嗅
呼~
真的真的，你聞聞看嘛~
怎麼可能……
真的是炸薯條的味道!!
為什麼?!
我說得沒錯吧?!
哼哼哼

可是女兒開始吃副食品以後，身上的味道就變了。
噫?!
嗅
不是馬鈴薯的味道……
是鯛魚燒的皮的味道？
又不太像……
這味道好像在哪裡聞過……
這是什麼味道啊？
我聞聞看～
啊～
嗯～～～這個……
到底是什麼味道呢……
是不是糯米餅的味道？
啊呵，妳要去哪裡……
你不覺得聞起來有動物性食材的味道？
啊～
啊，我好像聞出來了！
應該是那個的味道!!
什麼的味道？
竹輪的味道!!
沒錯!!
從味道也可以體會女兒的成長。

連老公餵女兒吃飯的時候也是。

老公自己也常會露出怪異的表情呀!!

產後的現實

最近帶女兒去參加兒童館的0歲寶寶嬰兒教室。
兒童館
嘿咻嘿咻！
離家有點遠
大約有二十～三十組的小寶寶和媽媽參加。
哇!!好多人喔!!
嘈雜
嘈雜
嘈雜
嘈雜
嘈雜
嘈雜
對……對不起，借過～
我很怕生，碰到這種場合很容易緊張。
熱鬧
熱鬧
對啊～
啊哈哈
有的媽媽又年輕又漂亮!!
閃
閃
閃
搞不好前些時候還是學生……
現在開始0歲小寶寶的嬰兒教室～!!
43歲
閃
閃
啊嗚～
請大家散開～
首先是親子歡樂操～!!
砰
恰
砰
恰
嗚～
啊嗚～
這裡每次都是先帶體操……
右邊三步!!
左邊三步!!轉個圈原地踏步一二三四!!
砰
砰
恰
恰
原地踏步一二三四!!
我一下子就氣喘吁吁，證明平常很少運動。
喘～
呼～
嗚～
砰
恰
恰
砰

呼～
啊—
今天要按小寶寶的月齡來分組。
6月～9月齡組
這一天是分組聊天。
請多多指教～
請多多指教～
啊～
呼～
妳好～
妳好～妳的小孩幾個月大？
這個媽媽也好年輕喔～
嘛嗚～
七個月。
我女兒也是七個月。
生日是～
啊，生日只有差兩天?!
儘管媽媽們年齡相差很大，小孩卻是同年……
育兒方面的煩惱也類似……
妳們平常都去哪裡散步？
這附近沒什麼公園，都不知道去哪裡好……
喔～
是啊～
大家越聊越起勁……
開始吃副食品了嗎？
我的小孩都不吃
熱鬧
我的小孩還沒
熱鬧
我的小孩也是
像這樣聊聊天也開心～
熱鬧
熱鬧
心裡這麼想時……
哇～
光吃納豆
啊哈哈
哇哇哇～
怎麼了？怎麼了？
大概是想睡覺，女兒突然大哭起來。

啊啊～好想聽大家說些什麼～
哇哇～
都去哪一家醫院呢?
聽說那裡不錯耶
皮膚科呢～
後來只好一直抱著……
乖乖～
哇～
哇～
回到家——
呼～好累喔!!
呀～
撲通
雖然很累，可是我也藉此散散心。
啊～
啊～
很有精神
很多媽媽又漂亮又會打扮……
呀～
想想，生完小孩以後，我自己都還沒買過衣服……
起身
沙沙
沙沙
皺巴巴
……
偶爾也應該買買衣服吧～!!
比較花稍一點的
嘿—!!
於是上網買了衣服……
然而收到後一穿……
唉呀～裙子太緊了!!
打擊
明明是L的ㄋ!!
看來我得多運動才行。

自從買過L號的裙子之後，就會定期
寄送大Size的服裝目錄給我……

大採購

來到嬰兒用品店買東西。
內衣
護膚
奶粉
尿布
嗯～我們先要買的是……
嘎啦
嘎啦
用這個讓小米練習用杯子喝水，如何？
水壺樣式的這個看起來比較可愛。
喝水常常會灑出來，圍兜還是有防水的比較好。
有凹槽設計的
我還想買外出用的兒童餐具組和食物剪刀～
很快就需要牙刷了吧？
要不要買牙膏？
啊嗚～
需不需要固齒器呢？
唉～養小孩真的需要很多東西!!
偶然看見一位大腹便便的客人。
新生兒
咯
咯
啊……
大概是在做產前準備吧。
對啊～
好可愛喔♥
我一年前也是像那樣吧……
雖然現在肚子還是很大
可是卻覺得好像是很久以前的事了。
噫?!
哇啊啊啊
啊

買給我嘛～
哇啊～
哎呀呀
站起來啦～!!
還需要嬰兒香皂和保濕乳液吧～
啊，對了！
玩具
哇～
不要～
小米現在什麼都不懂，
還不會吵著要買東西……
等再大一點一定會
說要買這個買那個的。
我一邊做心理準備……
我以後也會變成那樣!!
不要再吵了啦
哇～
接著又買了很多東西……
應該來試試成長奶粉了吧。
要不要多買些尿布放著？
尿布大特價
成長奶粉 4個月起
結果買了一大堆東西
嗚……好重喔……
拿得動嗎？
尿布
尿布
一個人住的時候什麼都很隨興，
完全無法想像自己現在的樣子。
嘿咻
嘿咻

以前在路上看見帶小孩的人……
我大概沒辦法像那個人那樣。
哇~抱抱~
有時會那麼覺得。
但現在我要告訴以前的自己!!
哇~ 哇~
乖 乖
不是突然就得面臨這樣的局面!!
而是慢慢地做心理準備……
哇— 好多便便喔……
姓名學
慢慢地習慣……
小孩漸漸成長……
你看像這樣
爬~ 爬~
啊~
父母也隨著成長……
啊，你看你看。
尿布
GIRLS
最近小女孩的衣服也好花稍喔~
很像辣妹穿的~
以後小米搞不好也會說要買這種衣服。
探頭
我們家的小米?!
我喜歡她穿樸素一點的。
女孩子很難說喔~
乖 乖 乖
我們家的小米長大會變成怎麼樣呢?

幫懷孕的太太背包包，結果孕婦標籤也跟著掛在身上了。這樣的老公看起來還滿可愛的……

第七個月時的一個人出門

抵達美容院之後……
推開～
歡迎光臨～
理髮師一邊剪髮，和我天南地北地閒聊……
照顧孩子感覺如何呀～
每天一定忙昏頭了吧～
剪
剪
剪
還幫我按摩……
肩膀好僵硬喔～
捏～
哇喔～
抓
抓
真是身心舒暢!!
呵呵～♡
CUT
對了，
順便去看看衣服吧！
哇～這件罩衫好可愛唷～
那件是昨天剛進貨的新品喔～

可是，現在沒辦法穿這種薄料的衣服啊……
抓
嗚嗚!!
抓哇~破了啦
歡迎下次再來唷!!
結果什麼都沒買……
在許久不曾逛的大街上閒晃……
GAME
二手衣
卡拉ok
ATM
人聲鼎沸
嘩
嘩
哇哈哈
生了孩子之後，我的生活變得截然不同……
CAFE
這個世界倒是繼續如常地運轉著……
喀嗒……
喀嗒……
轟隆……
呵呵呵
10連敗!!

本來想著等一下
再繼續四處繞繞走走……
喀嗒……
……
轆隆……
只是空蕩蕩的雙手
實在太令我不安了……
空蕩
空蕩
最後還是直接回家去。
我回來了～
開門
啊，
回來啦？
她睡了午覺，
現在才剛起床呢。
啊～
小米～!!
許久不見的外面世界
的確光燦誘人……
乖孩子，
有沒有
想媽咪呀～？
這孩子
真是機靈！
哇
抱緊
媽咪
還滿想妳的耶～!!
抱緊～
跟女兒才稍微分開一會兒，
卻覺得她看起來更可愛了。

1/2 半歲 賀 生日快樂!!

精神百倍!!

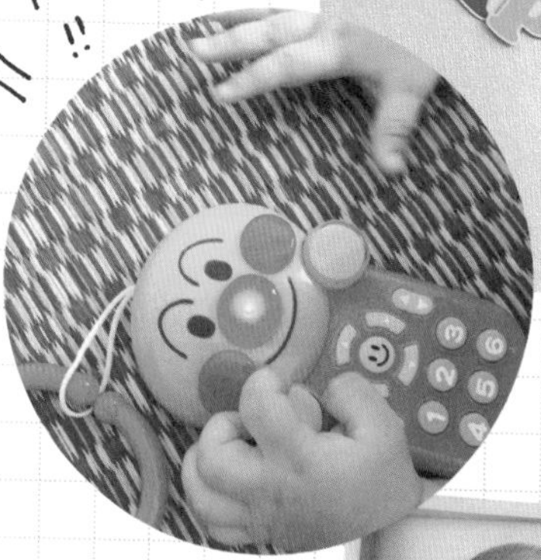

開始吃副食品

8個月大的寶寶餐

雞蛋粥
白肉魚燉豆腐

10倍清粥
高麗菜泥
魩仔魚泥
西瓜汁

6個月大的寶寶餐

育兒回憶～

啊嗚
曼嗚

還是忍不住買了西瓜裝

避免寶寶進入的人工草皮
（才3天就被攻陷了）

第3章

媽媽的每一天

小米

【9～12個月】

人生第一次的……
實在多到不勝枚舉

在寶寶爬行比賽中
匍匐向前進

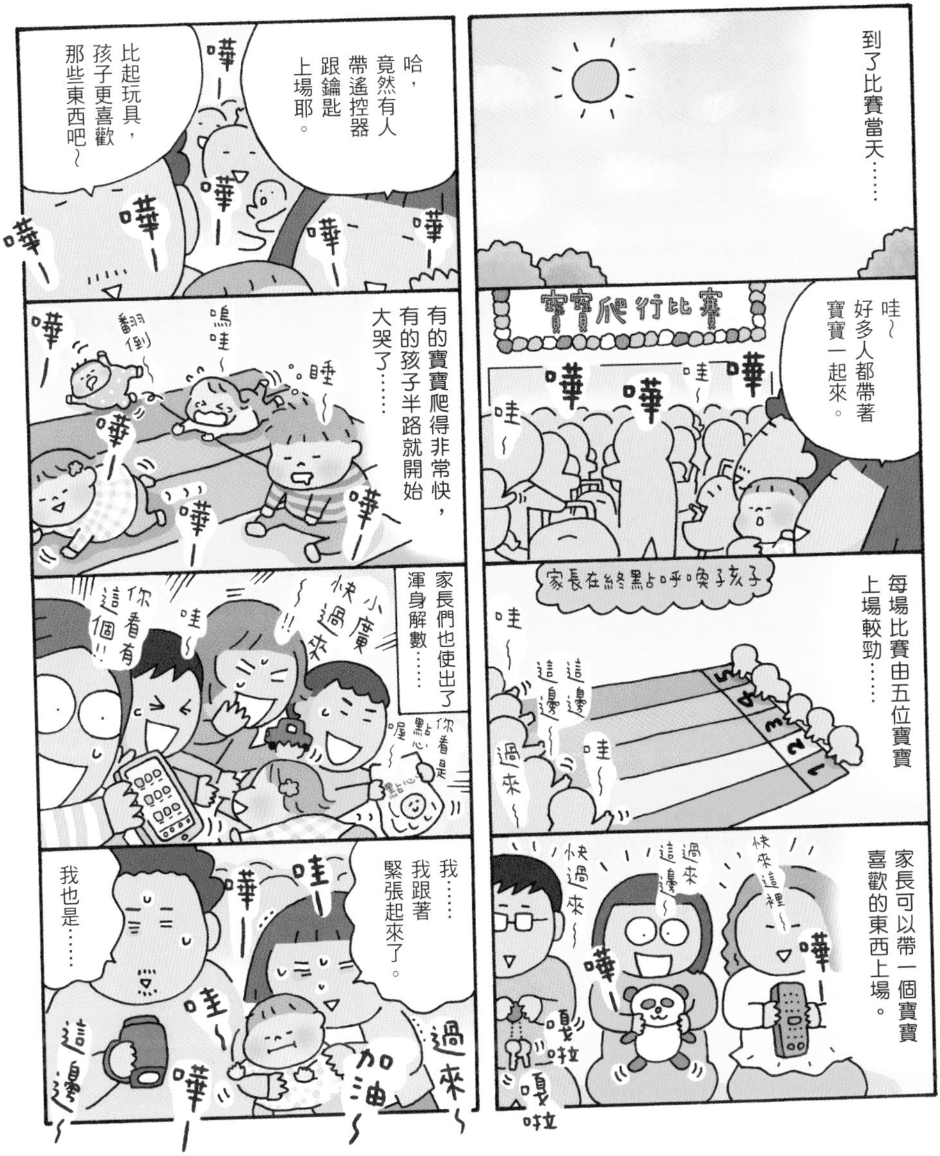
到了比賽當天……
寶寶爬行比賽
哇～好多人都帶著寶寶一起來。
每場比賽由五位寶寶上場較勁……
家長在終點呼喚孩子
這邊
這邊～
過來～
家長可以帶一個寶寶喜歡的東西上場。
快來這裡～
過來這邊～
快過來～
嘎啦
哈，竟然有人帶遙控器跟鑰匙上場耶。
比起玩具，孩子更喜歡那些東西吧～
有的寶寶爬得非常快，有的孩子半路就開始大哭了……
翻倒
嗚哇
睡
家長們也使出了渾身解數……
小廣快過來～!!
你看有這個!!
你看是點心喔～
點心
我……我跟著緊張起來了。
我也是……
過來～
加油～
這邊～

接下來是第七場～
換我們了!!
老公負責錄影，我負責在終點呼喚寶寶。
我會帶這本故事書在終點等妳唷！
小米最喜歡的一本
大家哈哈哈
這是小米人生的第一場比賽呢。
要加油喔!!
爬行比賽即將開始!!
預備～開始!!
嘩ー
一開始女兒不太願意爬……
東張西望
後半段開始熱衷了起來……
爬
爬
小米!!
哈哈哈
結果是五人當中的第四名!!
哇～妳好棒好棒喔!!
小米!!
獲得普獎!!
這也成了我們快樂的秋天回憶。
尿布M號
參加獎
完賽證書
寶寶爬行賽
妳在寶寶爬行賽中走完了全程，在此證明並加以表揚。

正確名稱是「科莫多龍」

（譯注：「科多莫」的發音與「兒童」相近。）

小孩感冒
事情很大條

小米好像感冒了。
流鼻水～
鼻塞，不太能呼吸……
啊嗚
呼哧
呼哧
也還不會自己擤鼻涕。
於是買了口吸式吸鼻器……
名字就叫……
媽媽幫我吸鼻涕
可吸出鼻腔深處的鼻涕
用口調整吸力
可是小米奮力抗拒，我沒辦法好好地吸。
不……不要亂動。
嗯～
嗯嗯～
小米～!!
沒辦法～換你來吧～
啊～
換我試試看吧。
要吸了喔!!
抱緊
咻咻咻～
喔～
哼哼～
哇ー吸好多出來喔!!
爸爸果然厲害
哇哇哇ー!!
啪
啊!
小米……生氣了……
哇ー
……
沮喪～

晚上小米開始發燒。
全身乏力
嗚嗚……一點牛奶也不喝……
有點燙～
但幫她冰敷她也不高興……
冰冰的很舒服喔～
啪
哇～!!
醫院開的藥她也不吃……
甜甜的喔～
哼哼！
哼哼～
最後連好不容易才喝下的一點點牛奶也吐了出來。
哇!!
噁噁噁……
小米～!!
哇～!!對不起喔，硬讓妳喝牛奶!!
毛巾毛巾～
哇哇哇
哇哇哇～
拍拍拍
這樣折騰了一個晚上……
哇～
啊～
乖乖～
床單也要換!!
不過也深深體會到這就是一家人……
啊啊～
哇哇

第二天——
蹣跚
呼～
總算退燒了
啊～
啊
可是
還是一直
流鼻水。
請你
幫小米
吸鼻涕♡
什麼!!
啊～
弄這個
她會生氣不理我，
我實在不喜歡～
可是我的力氣
又不夠大，
不能好好
按住她。
拜託啦～
小米感冒
終於好了……
咻咻咻～
哼哼哼
哇哇～
但是接著
換我感冒……
要不要
吃點烏
龍麵？
咳咳
咳咳
啊嗚～
最後連老公
也病倒了。
要不要
緊？
最嚴重
咳咳
咳咳
咳咳
咳咳咳
咳咳
氣喘
呼呼
全軍覆沒
不敢想像要是三個人
同時感冒，會是什麼慘狀？
哇～
身體健康真重要啊!!
大家也要小心
不要感冒了。
三個人終於都感冒好了♥

我被拒絕了。

第一次收到壓歲錢

過年時，女兒第一次收到壓歲錢。
？
哇～奶奶給妳一萬塊耶！
不可以亂丟!!
不可以亂丟!!
呀～
這麼小的小孩收到的壓歲錢該怎麼辦好呢？
以前……
啊
我也收到很多壓歲錢……
直子，這是給妳的壓歲錢。
謝謝～
這是叔叔給妳的～
嘈雜
嘈雜
親戚很多
不過不知道怎麼花，總是全部交給媽媽……
幫我存起來～
好～
我的也是～
姊姊
那些錢後來都去哪裡了？
大概是被用掉了吧！
常有的事……
可是馬麻一定會幫妳好好存起來的!!
妳放心!!
咚
於是連忙去附近的銀行。
銀行
跨步
前進

*約新台幣三千元。

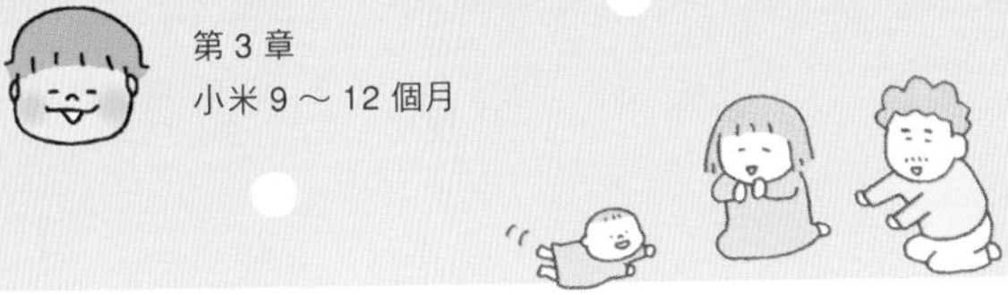

我想要幫小孩開戶。
這邊請～
請填一下粗框裡的資料，
啊，好的。
另外這裡請您過目一下。
我們現在正在辦零存整付的優惠活動。
利率非常好～
滔滔不絕
喔……喔～
啊嗚
不管活到幾歲，我依然不太會辦這一類的手續……
小時候看到這種情景，總覺得很遙不可及……
稅金
定存
到期了～
這個
現在卻輪到自己來辦理……
請稍等。
好的。
在銀行上班的人好厲害喔～
貸款
嘈雜
嘈雜
喀嚓
喀嚓
敏捷
俐落
敏捷
俐落
管錢的工作真不簡單～
小米也想在銀行上班嗎？
不可以不可以
呀～
這裡的話，我也可以常來探班……
有在認真工作……
呵呵

老公
怎麼又來了？
女兒
來存錢啊～
好耶!!就請他們讓妳在這裡上班好了～!!
想得真美!!
噗噗
讓您久等了。
這是您的存摺～
啊……好的
啊～
順利地幫女兒開了戶……
ATM
也把壓歲錢存進去!!
總共有兩萬四千圓耶!!
小米妳好有錢喔!!
小米未來會對什麼感興趣呢……
想從事什麼樣的工作呢……
啊嗚～
說不定會走父母完全料想不到的路……
我想去紐約學跳舞
打擊手～
女兒
雖然希望妳能盡可能留在我們身邊……
可是妳如果真的有想做的事，媽媽也會全力支持的!!
抱緊
未來還是未知數……
先好好存錢再說吧～!!
銀行

跟我們家的狀況一樣，至今依然深信是被父母存起來了……之類的。

二手的女兒節娃娃

今年小米的女兒節娃娃，怎麼辦好呢？
啊～
嗯～
去年女兒節的時候，女兒才剛出生，所以就擺我媽媽送的和紙娃娃，簡單地慶祝一下……
第一次過女兒節
呱呱～
今年想買好一點的，於是上百貨公司看看。
女兒節娃娃展示特賣會
嘈雜
嘈雜
哇～現在的女兒節娃娃怎麼都是鵝蛋臉？
俊男美女
這邊這個穿豹紋的和服耶。
英武
很多是比較小型的，只有天皇和皇后兩個娃娃。
跟最近的居家條件有關吧。
陽奈
至少也得擺三名宮女吧～
三名宮女？
嗯～……
那樣的話，男的娃娃就只有天皇而已……
都是女生～
天皇太孤單了。
孤單？
應該把五人樂隊也放進去!!

可是都沒看到五人樂隊的娃娃。
嗯～
嘈雜
嘈雜
啊
最後也沒個定案，就回到家來了。
女兒節娃娃……
呼～
呀－
老家有我一歲左右時買的很大的七階擺飾。
很大～
姊妹兩人的
儘管當時流行擺七階……
我們家有兩個女兒，要買就買大一點的!!
眼前浮現爸媽那興致勃勃的表情。
是啊
女兒節娃娃還有很多小道具，我和姊姊像玩扮家家酒似的東摸西摸不亦樂乎……
妳們兩個
不要亂動!!
咯咯
喀嚓
喀嚓
每年拿出來擺也很累……
不知不覺間就一直收在壁櫥裡……
就算真的買了，我們家大概也會變成那樣……
嗯～……
啊～
想來想去……
我請我爸媽把老家的女兒節娃娃主要的部分寄過來～
喔～
又大又重

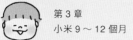

讓小米用我和姊姊以前的女兒節娃娃，有點對不起……
哇
收在櫥子裡那麼多年，可是狀態還很完好。
七階是擺不下～
嘿咻
嘿咻
不過，把這書櫃整理一下。
五人樂隊還勉強擺得下!!
鏘～!!
很好啊!!
呼～
嘛嗚～
我上次看到這個，大概是三十年前～
你看～音樂盒還沒壞耶。
轉 轉
噠嘟嘟～
嘟～
啊～
好懷念喔～我以前很喜歡這個說～
小米或許比較喜歡現代一點的女兒節娃娃……
啊嗚～
噠嘟嘟～
嘟～
不過到時候再說吧……
我們就這樣迎接了第二次的女兒節。
祝小米平安健康～!!
呀～

跟老公說女兒節娃娃沒收起來的話
女兒會晚婚時，老公這樣回答。

親子教育與祖孫教育

老爸與老媽的手機，長年都只用來講電話……
不知道如何傳簡訊～
舊型的摺疊式手機
我生了孩子之後，二老才開始認真練習，終於學會使用簡訊了。
一邊盯著
吸 吸
發個簡訊吧～
現在我們幾乎是天天互傳訊息……
好，發送訊息……
小米副食品吃得好凶啊～
她特別喜歡水果，一直吃個不停。……變涼了……唷。
嗡～
啊，回覆了。
新訊息
老媽很愛使用表情符號耶……
小米呀
多一點
亮晶晶
整天都是
咪咪
能就是福的
直子小時候也是很會磨成泥呢～
唷!!
直子也是一樣，只要端出蘋果泥就吃個沒停……
是喔。
哈哈哈
這也成了我暫時喘口氣的時光。

當時父母是以什麼方式來養育我呢……
最近我經常思考這件事。
老媽24歲時生下姊姊，一年後又生下了我……
直子誕生 昭和49年
當時附近既沒有超市，也沒有便利商店，更別說現在流行的網路購物了……
而且老媽不太能搭車……
老爸當時要上夜班，晚上幾乎都不在家，而尿布都是要換洗的……
光是想像就覺得好累喔……
嗚哇～
嗚哇～
哇～嗚
哇～嗚
我問老媽時，她卻說……
其實也沒有那～麼辛苦啦。
你們小時候好可愛～我覺得好幸福……
全都是表情符號
老媽當時很年輕，可以陪孩子一起玩，真好啊～
哈哈哈
養育孩子，老媽似乎樂在其中呢……
也許是因為都已經過去了，老媽才這麼想吧。但是聽老媽這樣說，身為女兒的我真的很開心。

叮咚~~
叮咚~
哇，小米妳看妳看~
住在三重的外公外婆寄了葡萄來耶!!
而且父母經常寄各種東西來給我們。
三重產
謝謝你們寄了那麼大箱給我們!!
啊~還想要的話，可以再寄去喔~
小米妳聽，是外公唷!!
小米~!!
快點說些什麼吧!!
……
這次換外婆了!!
小米~!!
妳剛出生時外公外婆不是很照顧妳嗎?!
……
安靜無聲
老家若是在附近就好了……
我真心這麼想著。

老公很少休假……
雖然我自己帶著女兒回去三重也並非不行……
啊～
萬一她在新幹線上大哭怎麼辦～
或者是大便的話…
嗚哇～
嗚哇～
乖乖唷
乖唷
一想到這些狀況就立馬打退堂鼓了。
因此，女兒九個月大時，父母親又專程來東京了。
現ー身
哇哈～!!
小米長大了耶!!
我是外婆唷～
我看看長多大了～
哇～
哇～
哇～
來，有禮物～
哇喔～變重了耶～
抱
哎呀呀～
嗚噗噗咿～
只是女兒現在有點怕生。

父母親在我家住了幾天……
哇～
吼～～
刷
刷
一開始對老爸特別有戒心……
哎呀～是我沒抱好嗎？
要怎麼抱她呢～
噗咿～
妳看，是滾滾球～
大家一起去登山健行
一起生活一陣子之後……
嘻嘻
嘰嘰
熱絡
老爸真的很喜歡小孩子呢！
扮鬼臉～
哈—
哈—
女兒與外公也漸漸熟稔了起來。
哈—
哇哈～!!
妳看～!!我在這邊～
路上遇到的兒童遊戲場

直子，妳們也可以常來找我們玩呀！
啪～
哈—
妳看～
回想以前老爸休假時……
妳看～!!
哈—
哈—
總是騎腳踏車載著我們去玩耍……
雖然很多事我已經不記得了……
好，這次換外婆!!
妳看
啪—
哈—
哈—
哈—
也有不少事都快忘記了……
但我相信，當時他們一定給了我滿滿的愛……
哈—
哈—
很快的，父母親又要回老家去了……
啊～難得玩得這麼開心說～
妳看，是滾滾球唷～
下次我會想辦法帶她回三重的!!
不要忘記外婆唷～
哈
哈
老爸老媽，
謝謝您!!
平安到家了嗎？傳張照片喔!!
願意給外公抱抱了!!

育兒筆記

（譯注：《小超人帕門》這漫畫是藤子．F．不二雄的作品。）

育兒筆記
面紙全都拉出來
拉圾桶尋寶遊戲
呼 呼
幹勁十足
電力飽滿
撕爛雜誌
呵呵～
好想要一個這種模樣的蠟像喔～拿來當擺飾～
哈～
滾 滾
嗚嗯～
哭起來的模樣好像泥偶。
將嬰兒服的縫線放在外側，可以保護寶寶幼嫩的肌膚。
這一面是外側？還是另一面？
但是有些產品並沒有這樣的設計……
完全搞不清楚了。
肥嘟嘟～
關節在哪裡啊？
呵呵～
喝點小酒一邊欣賞女兒穿著尿布的模樣～
打滑～
爬著爬著就滑倒了。
年末
曾經流行過哪些歌？
今年度最重大的新聞是什麼？
唔～嗯……
為了照顧孩子忙昏了頭，完全想不出答案的夫妻倆。

快點長大喔～

嚼嚼♡

嚼嚼♡

完全不偏食，給個讚

育兒回憶～

婆婆親手打毛線織成的背心。

家裡處處都有麵包超人～

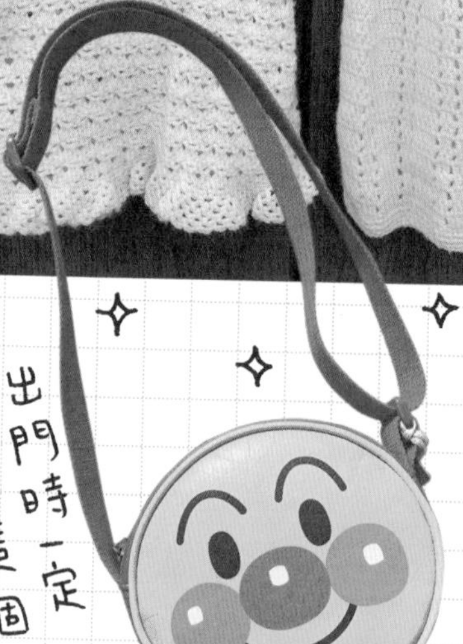

出門時一定會帶這個小包包。♡

第4章

媽媽的每一天

小米

【1歲1個月～4個月】

即便是常去的公園或超市
也處處是新奇

時隔 35 年盪鞦韆

我最近很喜歡用前向式的嬰兒背巾，背女兒出門。
我們去散步囉～
啊喔～
以前我一直是用後抱式的背巾……
嗚嗚～好可愛的屁股～
這個我也很喜歡
摸摸
抱緊～
但也想多讓女兒看看外面的風景……
呼～
換成前向式以後，女兒更開心了。
不要亂動嘛
呀—
呀—
手腳
舞動
公園到了～
呼～
手腳
舞動
大家都玩得好高興喔～
哇—
哇—
哈哈
嘻嘻
啊—
啊—
還不會走路的女兒……
……
……
一臉羨慕的樣子
哇—
哈哈哈
哇—
啪噠
啪噠
那跟馬麻一起盪鞦韆吧!!
麻嗚？
哇—
哇—

先抓好……
緊握
不要亂動喔~
噫？我忘記怎麼盪鞦韆了……
一、二、三~
嘰嘎
嘿
啊~
嘰嘎
哼!!
哼!!
嘿咻!!
嘿咻!!
哇~要怎麼停下來啊？
咯
咯
唰~
唰
唰
呼~
想不到盪鞦韆這麼累。
呼~
呼~
呀~
很開心
這時，一個女孩跑過來……
呼~
咚咚咚
站上鞦韆……
盪
盪
盪
盪
轉眼間就盪個半天高。
對了!!我以前也是那樣盪鞦韆的!!
嘿~
連鞋子都飛了!!

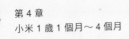

好……好吧，我已經想起來怎麼盪鞦韆了，那我們就再來一次吧！
哼哼～!!
（繼續啦!!）
一、二、三!!
哼!!
哼!!
哼!!
咯咯
比剛才高吧!!
※請千萬別讓小孩掉下去喔。
啊～對了……
盪鞦韆盪得很高的時候……
咻
呼—
會和天空變得很近……
呼—
大概是玩得很開心，女兒在回家的路上迷迷糊糊地睡著了～
垂下～
前向式的話，一旦睡著，睡相就一覽無遺。
哎呀呀，睡得好熟喔～
是啊…
呼—
呼—
呵呵
是可以換方向，不過小米可能就會醒過來……
還是這樣撐回家吧……
搖晃
搖晃
呼～～!!
終於到家了!!
撲通—
今天的散步結束了!!
呼—
一到家就醒了→

近來一些危險性較高的遊樂器具
似乎越來越少了……

很喜歡繞路！

今天用前向式嬰兒背巾帶女兒出門買東西。
我們去超市囉～
要我走這邊，是嗎？
哼哼－
家附近有一個小小的神社……
我都給忘了，對不起對不起。
啊－
不知不覺間每天到這裡拜拜變成女兒的習慣。
來～叮噹～
鞠躬～鞠躬～
嘎啦
嘎啦
嘛嗚～
我們走吧……
什麼？接下來是那邊？
附近有一個地方一直在施工……
哼哼－
哼哼－
以前
圍籬上畫了很多卡通人物……
哈哈哈，這個是施工哥哥。
施工中
這個是工地哥哥。
女兒很喜歡……
妳看，小綠綠～
嘎嘎……
這也是每天的固定行程。
這個是安全哥哥。
接著來到超市。
啊，鰤仔魚很便宜！
小米喜歡的!!

把女兒背在前面，看不太清楚商品……
嗯～多少錢呢？
看不見……
啊-
很想買牛奶，可是太重了……
買重的東西時常常很猶豫。
已經約10Kg
促銷商品
日幣178圓
反正順便就買回去吧!!
歡迎光臨～
跨步
前進
啊嗚啊嗚～
好啦，等一下嘛!!
女兒最近會幫我把集點卡拿給店員。
～～哇 謝謝妳～
啊-
要不要我幫您放進袋子裡？
啊，好啊。
麻煩你了
經常去的那家超市，如果帶著小孩他們還會幫忙裝袋……
蛋放這邊喔！
動作俐落
嘿
嘿
歡迎再度光臨！
很貼心的一項服務。
掰掰～
咯咯
手舞腳動

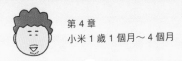

我們回……
妳想看電車？
啊
啊
噹噹
噹噹
噹噹
電車～掰掰～
車車隆
車車隆
車車隆
呀
好了，我們該回……
蕎麥麵
嗯啊
嗯啊
又怎麼了？
天啊～該不會是要我走那個吧?!
前些時候背女兒走那座天橋……
啊
看來女兒也喜歡上這天橋。
呼呼
氣喘
漸漸開始有自己的主見……
女兒出生的時候，我本來是希望她能在有很多綠意的地方成長……
理想
不過這一區也有很多優點……
呼～
到了到了～
現在女兒在這裡……
可以看得好遠喔。
呀
平安健康成長中。

要穿過某條有路樹的捷徑時
特別容易生氣……

令人心動的大商場

＊約新台幣580元。

你看你看!!
愛孫優惠
限定50歲以上會員
10%OFF
50歲以上就有愛孫優惠耶!!
小亞你再三年就可以有這優惠了!!
小高妳也差不了多少啊
啊哈哈
我幫你們兩個照張相吧?!
47歲
不用啦!!
照好了
……
愛孫優惠
10%OFF
似乎有點像……
喀嚓
啊！危險!!危險!!
哼哼哼～
不想坐推車了吧？
啊，那裡有翻滾區!!
呀—
呀—
翻滾區指的是在商場等常見的兒童遊樂區。
我自己這麼叫
小米也去玩吧。
呀—
呀—
咻
女兒還不會走路，有這種翻滾區我們也可以喘口氣。
滾滾～
滾滾～
哈哈哈哈
哈哈哈，她好高興喔！
我可以去一下那間書店嗎？
妳去吧～
哈哈哈

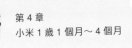

想給女兒買新的繪本～
繪本專區
交通工具
あいうえお
顏色
啊，這本她大概會喜歡～
不好意思，我回來了。
哈哈哈
哈哈哈，還玩得很開心耶。
噫？你發什麼呆呢？
嗯……
哈哈哈
哈哈哈
實在太可愛了，看著看著眼淚就掉下來了……
滾～
滾～
哈哈哈
你是她阿公嗎?!
嗚……
然後在美食區吃吃午餐……
拉麵
章魚燒
烏龍麵
來～吃麵～
啊～
嘈雜
嘈雜
接著又買買東西。
70cm
80cm
哇～
好可愛喔～
呼啊……
啊……
想睡覺了吧？
雖然買的全是女兒的東西……
我們回家吧！
但大商場對帶小孩的人而言，真是個歡樂便利的好去處。

你看～50歲以上就享有孫兒折扣耶～
孫兒折扣
50歲以上
會員限定
10% OFF
是喔～但有的人才40歲就已經當上爺爺或奶奶了呢～

也是有人這麼說呢。

希望女兒快快長大，又希望她不要太快長大。

女兒每個星期去一次兒童館的1～2歲幼兒教室。
早～
呀ー 呀ー
大家都好有活力喔!!
小米也去玩吧!!
呀ー 哇ー 呀ー
亂鬧 亂跑
女兒已經一歲四個月了……
……
可是還在地上爬。
啊ー 啊ー
哇 呀ー
其他小孩幾乎沒人像她這樣……
反正她在這班上年齡也是比較小的……
哇ー 亂跑 亂鬧
啊ー
沒想到看到比女兒更小的小孩已經在走路了……
才剛滿1歲就會走路了?!
一點都靜不下來～
呀ー
儘管告訴自己跟人家比也沒用……
我們家的發育比較慢……？
還是難免去比較。
啪噠 啪噠 呀ー
這天的活動是蓋手印……
小米來蓋手印～
把手張開～
小米～
不要亂動啦!!
女兒不願意，又哭又鬧。
哼ー 哼ー 砰

第 4 章

小米 1 歲 1 個月～ 4 個月

謝謝～
我跟你說喔～
噫？
我去兒童館看到跟小米同年齡的小孩有的已經會走路會跑了……
啊—
啊—
貼布
是喔？
是啊～你的看法呢？
啊—
一直在地上爬很可愛啊～!!
疼愛～
?!
你怎麼一點都不擔心？
不用擔心啊～過些時候就會開始走路了。
現在已經可以扶著東西站起來了
嘛嗚～
而且學會走路以後，就看不到她爬來爬去的樣子了～
啊—
那樣也很傷心吧？
嗯……說得也是。在地上爬的模樣真的很可愛！
搖搖
啊—
對吧～
因此決定繼續好好欣賞女兒爬來爬去的可愛模樣。
啊—
慢慢來，不用急～!!

將學步機當成玩具玩之後，
稍微會走路了。

充滿夫妻兩人回憶的演唱會

聽演唱會的話一定更熱血吧～
好想去聽一次喔～
咚喀
咚嗞
咚喀
咚嗞
糖果
兩人才剛這樣聊到時……
我買到武道館演唱會的門票了～!!
就順利買到門票了!!
耶～!!
就在這時候……
嘔……
糟糕……我好想吐喔……
喘…
喘…
別勉強，去睡個覺吧！
我發現自己懷孕了。
我這樣子有辦法去聽下個月的演唱會嗎……
我看這次就先取消吧？
咚喀
咚嗞
嗚…
來，喝杯茶
演唱會舉辦的當天，身體狀況已經滿穩定了，所以……
我會盡量坐著不動，沒問題的!!
真的嗎～？

兩人沉浸在演唱會中……
鏘鏘～
嘩～
嘩～
哇～
Oh yeah～
嘩～
嘩～
嘩～
後來我也順利生下了女兒……
喀嚓
喀嚓
喀嚓
嗚哇～
嗚哇～
嘩～
嘩～
現在－
栗子
栗～子
栗子
栗子
栗子
你看～她已經會跟著節奏拍手了唷!!
哇喔，好棒!!
咿呵～
栗～子
栗子
栗子
把拔也來試試看吧～
家裡聽的音樂也換成了兒歌。
哈哈
栗～子
栗子
栗子
栗子

全家福 演唱會
哈哈
希望有一天也能帶著小米一起去聽演唱會……
現在最想去的是適合兒童的演唱會……
小米有點想睡了，我帶她去睡覺喔。
好喔，。
每天的生活都是繞著孩子打轉……
小亞也……
已經是個好爸爸了……
放在床上後立刻就睡著了~
辛苦你了~
喵喵 小花 你好
貓 你好~
喵~ 喵
呼~
要不要泡壺茶呢？
只有我們兩人時就不要聽這個吧。
汪汪 小狗狗 再見囉~

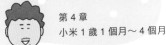

咚喀
咚嗞
Oh Yeah~
這是……那天在演唱會聽到的歌曲……
當下瞬間被拉回到
稍早之前的時光……
那一段女兒出生之前的……
今天吃火鍋吧？
好想去這裡唷~
兜風
乾杯~
BEER
啊哈
點積極
依然消極
加把衝勁
哇哈哈
兩人世界……
等……
等一下!!
?
咚嗞
咚喀、
聽這首歌讓我想起了當初孕吐時的噁心感~
嗚噁
什麼~!!

原本是想說好久沒聽了……
……
沮喪…
竟然脫口而出～真對不起啊！
兩人世界竟然如此短暫……
啊！
大概先是1年4個月
哼姆～
啊，是哭聲!!
兩人世界的回憶……
哼姆～
哼姆～
怎麼啦怎麼啦～
看來得先暫時收起來，好好保存了。

育兒筆記
1歲1個月
會說的第一個詞彙應是「汪汪」。
汪汪汪汪…
小嘴上黏著納豆，直接就往媽媽的衣服上擦嘴。
蹭摩
配合歌曲的節奏擺姿勢。
細～人～蘭～♪
才哭了一下下就…
很乾脆地斷奶!!
太冷漠了吧……
沒有奶給我了嗎？
什麼？
轉頭就走
我家的自創語
哇！布布了!!
尿布濕了…的意思。
要不要帶背巾去？
今天直接抱著就行了吧？
不用背巾，直接抱在身上。
來洗手吧？
聽到我這樣說就會自己捲起袖子。
要出門囉～
聽到我這樣說就會用手指著上衣。
我說的話她大部分都聽得懂嗎?!
擦口紅的時候…
啾嘴
啾嘴
模仿中→

育兒筆記

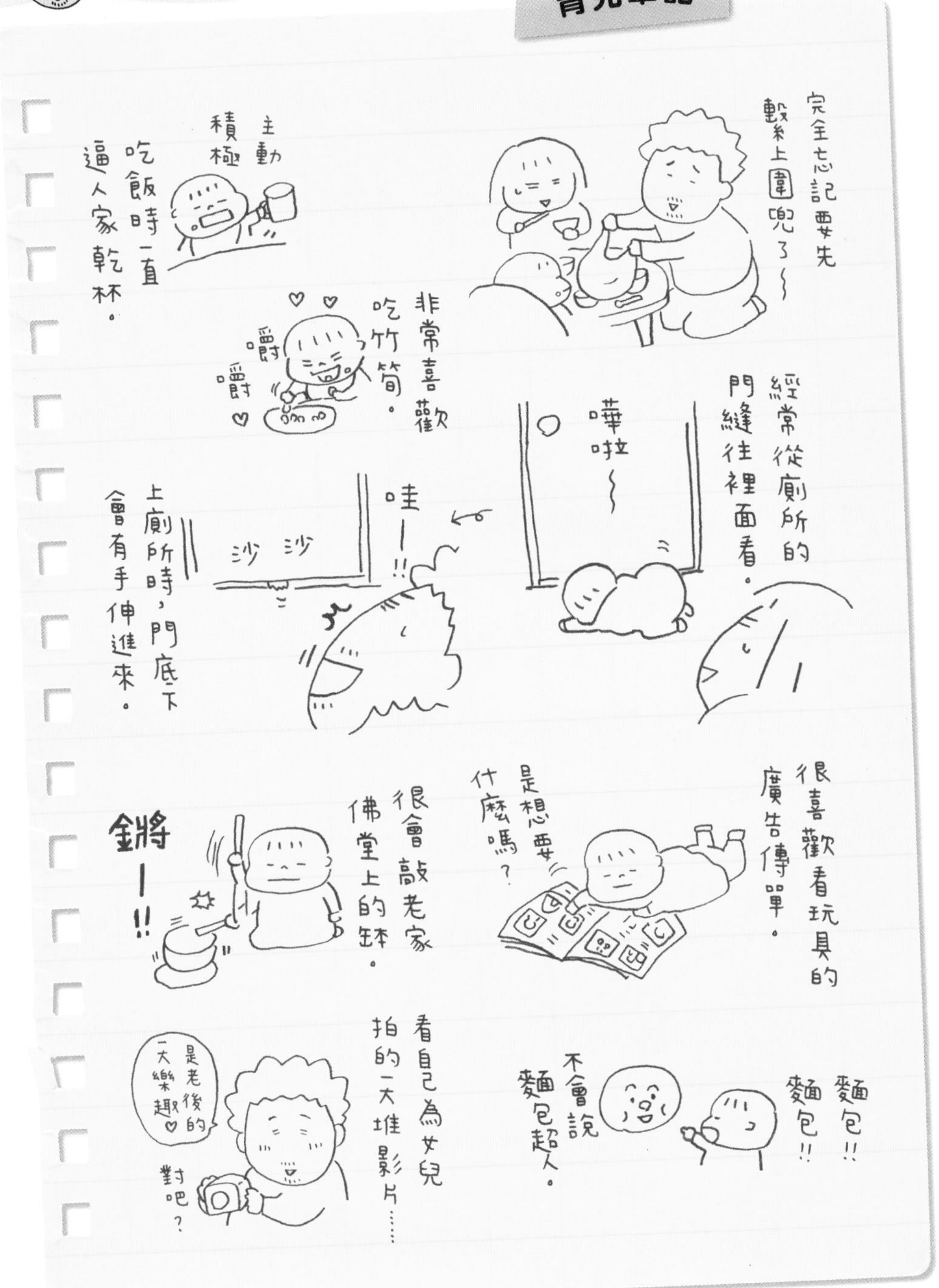
完全忘記要先繫上圍兜了～
主動積極
吃飯時一直逼人家乾杯。
非常喜歡吃竹筍。
嚼嚼
經常從廁所的門縫往裡面看。
嘩啦～
上廁所時，門底下會有手伸進來。
沙沙
哇－!!
很喜歡看玩具的廣告傳單。
是想要什麼嗎？
很會敲老家佛堂上的缽。
鏘－!!
麵包!!
麵包!!
不會說麵包超人。
看自己為女兒拍的一大堆影片……
是老後的一大樂趣♡
對吧？

育兒回憶～

賀1歲!!

吃的食物已經跟大人差不多了。

大家都喜歡的咖哩&蛋包飯

在戚風蛋糕上面塗了奶油（老公做的）。

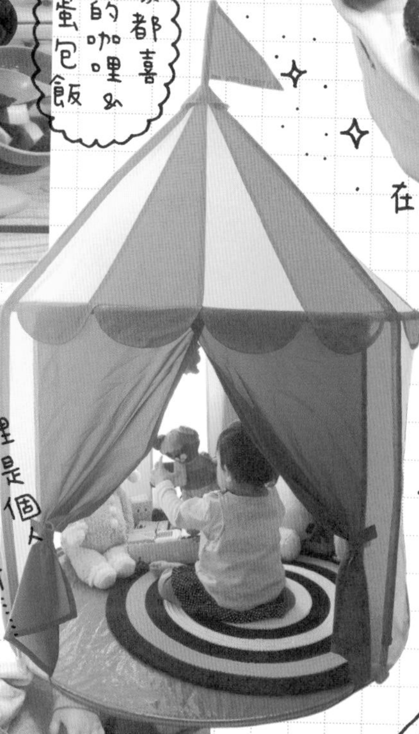

帳篷裡是個人專屬的小小世界!!……

倒著看櫻花～!!

生日禮物是假名積木♡

天哪～徹底崩潰～

擦屁屁用的濕紙巾

第5章

媽媽的每一天

小米

【1歲5個月～8個月】

女兒的笑容
治好了腰痛？

女兒第一次參加納涼舞蹈大會☆

（譯注：甚平是一種和服便服，於現代通常為男性或兒童在夏天所穿著的家居服。）

＊約新台幣150元。

然後跟大家一起跳跳舞……
咚
咚
♫嘿
嘿
♪呀
呀
買了水球……
妳看～
咚
咚
儘管太陽已經下山了……
還是好熱喔～
哼哼
趕快跑到附近的店避難。
中華料理
生
中華涼麵
點了好久沒喝的生啤酒!!
咚!!
BEER
BEER
哇～好好喝喔!!
我都忘了夏天就是要喝這個!!
小米第一次吃中華涼麵，可是吃很多耶。
吃吃
大熱天吃這個很好吃吧～
難得的夏天……
我們回家吧～
還是應該好好享受!!

期待一起喝啤酒的那一天!!

放屁家族

新婚的時候，
彼此都還很拘謹有禮。
呵呵呵
哈哈哈
經過了三年……
噗~
啊！
哈哈哈，
我不小心
放屁了。
你聽到了嗎？
……
生產以後，
不知怎麼搞的，
我變得很會放屁。
是因為骨盆底肌鬆弛了嗎？
嗯~~
噗
啊！
嘿咻！
噗
啊！
我雖然也會
難為情……
你不要
啊一聲嘛!!
發火~
這樣我
很丟臉餒!!
我又不是
故意的!!
老公卻說……
我已經
習慣了。

哈哈哈，小米放屁了～
哇喔……人小，放屁卻強而有力……
撲鼻～
咯～
咯～
哇!!
噗
我們是一家人，你想放屁就放屁，不用那麼拘謹啊～
嘛嗚～
我很少放……
爬屁出山的時候也放屁了!!
那是我們剛開始交往的時候……
一起去一座名叫日出山的山健行……
我們下山吧～
嗯～
下山的途中，老公放屁了。
啊！
噗
因此我叫那座山「屁出山」
被他這麼一說，我也有點火大了。
生氣～
習慣了？
你自己還不是一樣～
妳不要再提那件事了，好不好？
其實老公的放屁聲我也只有聽過那次而已。

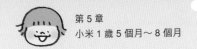

女兒有一天便便……
……
嗚喔喔喔喔~
小高，妳來一下!!
什麼事？
這便便的形狀是不是很像竹筍？
哇~真的很像竹筍!!
我說得沒錯吧?!第一次看到這種~!!
真捨不得沖掉!!
啊~
儘管這麼說……
嘩啦~
嘩啦啦……
當然還是沖掉了。
那天晚上——
呼—
對了~
呼—
什麼事？
白天看到的那個竹筍形狀的便便，真的很特別！
呼—
簡直跟竹筍沒兩樣。
噗噗……
啊~好想再看一次喔~
呼—
呼—
應該照相存證的。
呼—
我們家最近老是聊這些……
不過我覺得這也很和睦幸福。
ZZZ

這種栽贓的藉口當然還是被拆穿了。

在都市的一角，感受進化。

夏天快結束時，女兒終於學會走路了……
哇啊！
蹌蹌
踉踉
會走路了耶!!
一天比一天走得更穩……
好棒喔!!
好棒喔!!
啪
啪
晃晃
搖搖
應該可以了吧……
於是……
啪
啪
啪
終於把女兒的鞋子拿到公園來……
在外面走走看吧～!!
來～穿鞋～
穿上這個，就可以在外面走來走去了～
來～走走看～
女兒起先有一點不知所措……
咚
接著小心翼翼地跨出腳步……
好棒喔!!就是這樣!!
晃晃
搖搖
嗚嗚……之前還是個小嬰兒的女兒……
啊—
晃晃
搖搖
現在已經自己站在大地上～!!
這景象實在令人感動不已。

啊!!
咕嚕~
可是一不小心就很容易跌倒。
啊，妳要自己爬起來嗎？
好棒喔!!
看來女兒也很高興自己會走路。
啊嗚—
啊—
搖搖
晃晃
因為想去哪裡就可以去哪裡!!
哇—
啊—
用兩腳走路，不必在地上爬，而且空出來的手可以摸東摸西!!
啪
啪
啊—♥
從前人類的祖先開始用兩腳走路時……
文明一定邁進了一大步……
在都市公園的一角……
我如此心想。
啊—
啊—

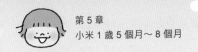

之後女兒走得越來越有自信。
啊喔～
蹣跚
步履
嗚～走路很慢……
東張
西望
咯～
又有車子，太危險了～
小米，來～馬麻抱～
譯（不用）
嗯～怎麼辦好呢……
呵呵呵，好可愛喔～
剛學會走路嗎？
好棒喔～
搖搖
晃晃
是的。
女兒跟跟蹌蹌的模樣似乎很引人注目……
哇～妳會走路了，好棒喔～
拉筋
妳幾歲啊？
東搖
西擺
經常有人這樣跟我們搭訕。
噫？怎麼了？
啊－
累了嗎？
可是……
那馬麻抱吧～
呀－
再讓我多抱些時日吧！

不知道為什麼，走路時老是將手背在後面。

汗水淋漓聽故事

我從女兒0歲起每星期帶她去一次圖書館，聽人家說故事。
嘿咻
嘿咻
咯咯
一直不清楚她來這裡到底高不高興……
從前從前
啊嗚～
滾～
滾
不過，她最近一到圖書館會自己主動走進去……
說故事園地
啊
踉蹌
踉蹌
也會把鞋子收好。
鞋櫃
喔喔～
砰
咻
至於聽故事方面呢……
今天我們要講的故事是拔蘿蔔～
依然不清楚她是否聽懂……
啊～
啊～～
嘿～嘿～咻
不要這樣～嘿咻～
不過她對中間穿插的遊戲……
好～我們來做豆沙麻糬～
兩手做成一個圓～
總是興致勃勃。
好痛喔
呀
啪啪
搗麻糬～
踩～

接下來要講一個用火爐烤麻糬的故事。
說故事時間是三十分鐘……
麻糬生氣了，整個臉都鼓起來～
麻嗚～
蠢動
不安
小米～坐好啦……
通常中途就膩了。
其他小孩也一個接一個不安分起來……
不可以!!
乖乖
哈哈哈
哇～
有時現場變得一片混亂。
哇―
啊―
啪啪噠噠
躺～
這時老師經常會拿出這個!!
跳跳跳
松岡達英 著
最後要講的是大家很喜歡的《跳跳跳》。
哇―
哇―
哇―
青蛙～
按住
配合各種動物的動作……
跳～!!
呀―
家長把小孩抱起來……
孩子們都非常喜歡這遊戲。
小貓咪～
跳～!!
跳
哇―
哈哈哈
啊―
哇―

蚱蜢……
跳～!!
呀～
女兒也總是開心得不得了……
兔子～……
跳～!!
我則是汗水淋漓。
氣喘
呼呼
很長
越來越重了……
說故事時間結束……
謝謝～
掰掰～
嘈雜
嘈雜
女兒也會自己去拿鞋子穿……
走走……
有一次……
哇?!
砰!!
妳幫馬麻把鞋子拿出來了？
呵呵
好……好高興喔～……!!
感動～
儘管是用丟的……
看到女兒的成長……
馬麻
跳～!!
呀～
回家的路上，我的步履也輕盈起來。

背巾都還沒穿好就自己跳上來坐好。
實在太喜歡出門了!!

公園玩耍樂無窮

今天親子三人一起來公園玩。
哈
哈
哈
最近小米已經可以自己玩溜滑梯囉。
小型的滑梯
啊—
是喔～
你看看哦～
嘛唔～
嘿咻嘿咻～
小米—可以下來囉!!
一二三開始～!!
小米—滑下來，滑下來呀!!
……
一二～滑下來～!!
吼唷～～～
叫妳滑下來!!
咻～～
哇喔～!!
啪嚓
啪嚓

哇～好棒好棒!!
把日常的練習成果展示給把拔看是最開心的事。
嘿嘿!!
啪
啪
還有這個，她也很會玩喔～
啪嚓
啪嚓
哈～
興致
這個她也可以稍微爬上去囉～
啊～
啪嚓
啪嚓
哦～
接下來還有～
啊！
啊—
不過女兒最喜歡玩的還是……
什麼時候開始的？
喔～
喔～
……撿落葉。
她好像很喜歡把落葉集中放在一個地方……
很久以前就會這樣了……
呃……是喔～
啊～

小時候，我也經常去公園玩～
是攀爬梯……
啊～
哇～
好懷念喔……
現在程度如何呢……
跳
卡住
咦?!
怎……怎會這麼沉重!!
光是要抓住吊桿就很吃力了!!
哈哈哈，看來似乎沒辦法往前進厚～
當成拉單槓健身嗎？
我……我就不相信你有辦法!!
我當然沒問題囉～
喘—
喘—
捲袖

挺進
往前
往前
喝!!
喝!!
哇哇哇!
好厲害～你真的可以耶!!
我以前可是在美式足球社團鍛鍊過呢!
呼～
呼～
呃～不知道我還有沒有辦法玩單槓～
唔……不行，身體還是覺得好沉重……
肚子肉都陷進去了，好痛喔……
卡住
吃力
想當年啊，除了後空翻，我還會單腳翻轉甚至連續轉圈圈，各種花招我都會呢～
啊……我也
這個好難……
感慨…
哈—
小時候的我真可說是身輕如燕呀～
衝衝衝
直子10歲

我最擅長的就是衝刺接著後空翻……
哇—!!
停住
翻轉
停住
直子竟然辦得到，太厲害了~!!
阿姨我光是在旁邊看就心驚肉跳呢！
一旁的阿姨們
嘿嘿，這個很簡單呀!!
就算以後變成大人，我也絕對辦得到!!
小時候曾經這麼想……
呃~
是……是怎麼做的呢？
雖然覺得做做看應該就想得起來……
但萬一失敗，反而搞得自己腰痠背痛，那可怎麼辦~
我看還是算了吧……
抖
抖
真是對不起當時的我啊……
長大成人之後，還真是辦不到呢。
咻—

哇哈—
哎~長大之後，我就很少來公園玩了~
公園還是這麼令人熱血沸騰呀。
嘩—
嘩—
嘩—
撿
撿
而且最近的遊樂設施也變得好棒喔~
深受小朋友喜愛
沒玩過那種的~
嘩—
哈—
小米也玩得很投入呢……
雖然我已經轉換成守護者的身分了……
嘩—
嘩—
哈—
好想再次回到身手矯捷的童年時期，盡情地玩樂呀……
小米，玩得差不多囉~
我們該回家了~
心中還是會興起一點點這樣的念頭呢。
嘩—
哈—
哈—

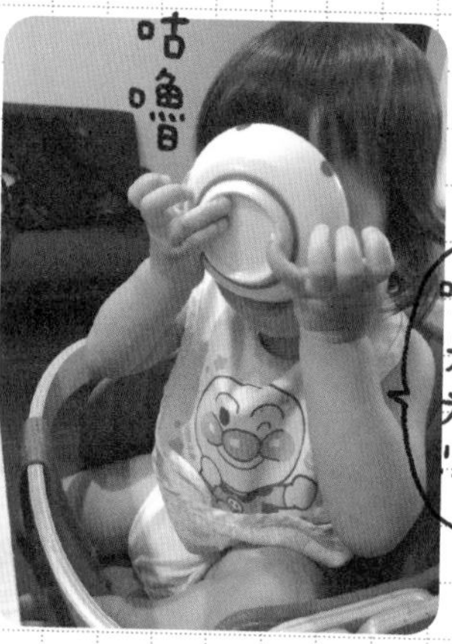

葡萄連湯汁都喝光光!!

飲食內容已經跟大人一模一樣了!!

太棒了~抽到的兒童籤是大吉!!

一直很想要的麵包超人服。

嘿咻嘿咻

我出門囉~

育兒回憶~

裡面裝的是替換用的尿布。

午餐是烏龍麵唷~!!

小插曲

每天都是在手忙腳亂之中過去了……
聽話～小米!!
鼻要～!!
雖然已經稍微適應親子生活了，但隨著孩子的成長，生活還是不斷地在變化當中……
不刷牙會長蛀蟲喔!!
來，把嘴巴張～開!!
好痛
鼻要～!!
踢
超討厭刷牙
終於刷好了!!
好～給妳看一下下電視吧♡
打開
和媽媽一起
哼
快趁現在去洗碗換衣服!!
動作快～
喀啦
喀啦
我也慢慢能夠抓住日常的節奏，日子總算是平順地度過了。
最近我都盡量趁中午前帶孩子出門運動一下……
天氣真好啊～
回家之後俐落地做好午餐。
午餐做好囉～吃烏龍麵！
端出

下午則是天天回婆婆家。
嘿休
嘿休
這時候大多是睡著的
婆婆自己開店一個人住……
來～請喝茶～
每次來都會請我喝茶，讓我順便休息一下。
我也有泡芙喔，要不要吃～
有擺一張兒童床
呵呵呵
哇～謝謝！
呼～
除此之外……
我可以幫妳看一下小孩，沒問題的～
呼～
呼
我其實有去申請幼兒園，但因為人數額滿了，無法入學……
也就是所謂的
待機兒童
婆婆幫我看小孩的這段空檔，有時是我的工作時間，有時則是讓我暫時跳脫育兒生活。
真是感激呀～
收音機

（譯注：指沒有申請到幼兒園就讀的孩子。）

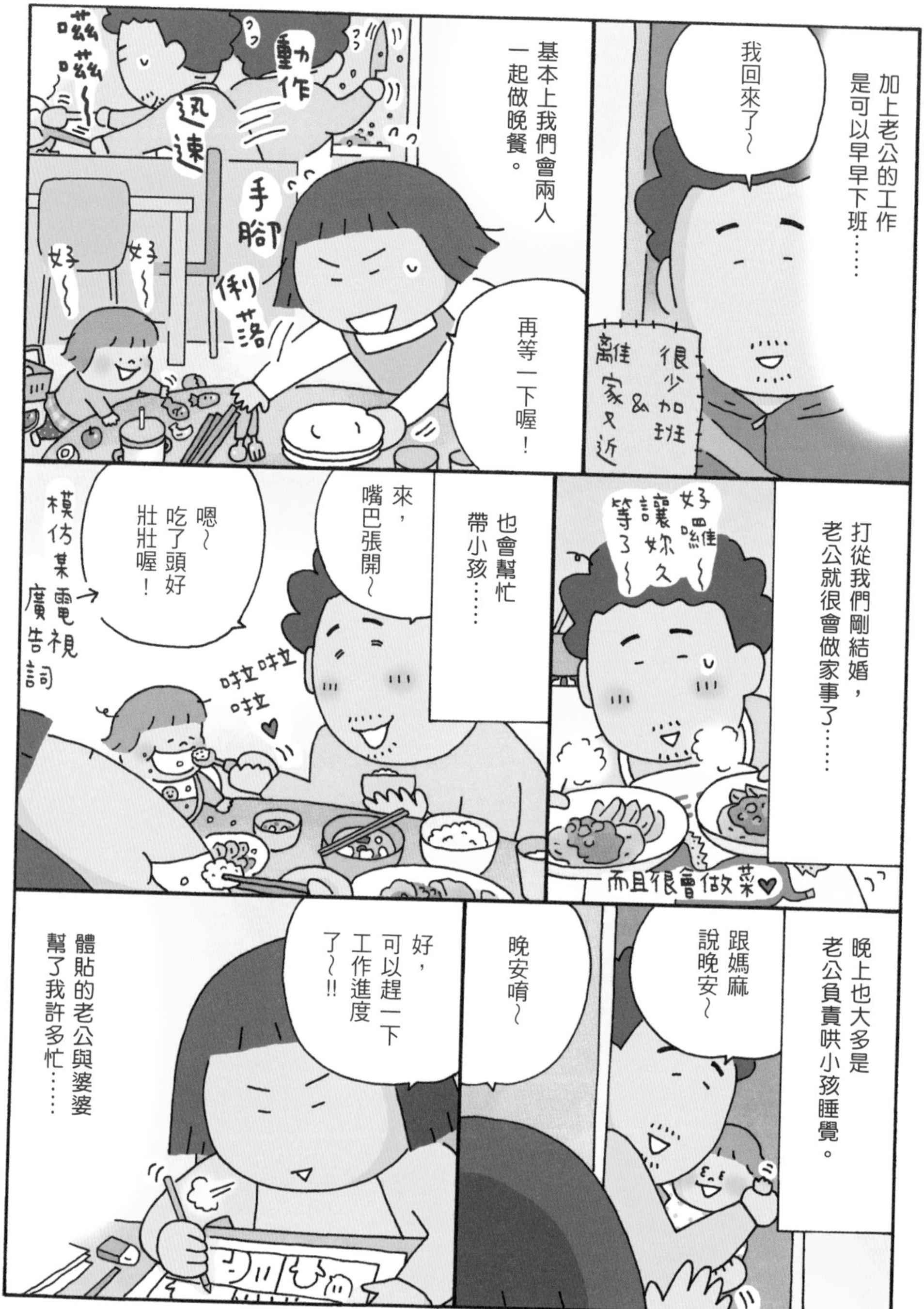

加上老公的工作是可以早早下班……
我回來了~
很少加班&離家又近
基本上我們會兩人一起做晚餐。
再等一下喔！
動作迅速
手腳俐落
好~
好~
嗞嗞~
打從我們剛結婚，老公就很會做家事了……
好囉~讓妳久等了~
而且很會做菜♥
也會幫忙帶小孩……
來，嘴巴張開~
嗯~吃了頭好壯壯喔！
模仿某電視廣告詞
啦啦啦
晚上也大多是老公負責哄小孩睡覺。
跟媽麻說晚安~
晚安唷~
好，可以趕一下工作進度了~!!
體貼的老公與婆婆幫了我許多忙……

不過老實說……
打哈欠…
我還是希望能有更多的時間可以工作啊~
回想單身時
幾乎整天都在家裡工作，甚至連續幾天都窩在家中……
時間全任由我自由揮霍啊~……
泡麵
巧克力
雖然也會懷念甚至羨慕當時的我……
不行了……今天到此為止，去睡覺吧……
呆滯~~
呵呵，兩個都睡得好熟喔……
呼~
呼嚕~
呼~
呼嚕~
但是，現在這樣的時光，也很快就會過去了……
呼嚕~
呼嚕~
呼嚕~
呼—
呼—
↑變得比較容易入睡了。
定住不動
呼嚕~
所以，我會好好地珍惜寶貴的每一天。

後記

非常感謝各位讀完了這本書。

這次的作品，距離前一本《已經不是一個人》，相隔了兩年之久。

問我這段期間都做了些什麼，其實就是天天追著孩子跑。

之前，我都是以一年兩本的速度出版新作品。

但是這段期間想要繼續以這樣的速度工作，不論在時間上或體力上，都非常困難啊。

我也希望能有更多時間可以用來工作，

但除此之外，我其實非常享受養育孩子的生活。

偶爾我也會因為照顧孩子感到疲憊或焦躁，幸好老公常常幫忙帶孩子，

也很積極地幫忙做家事，加上婆婆非常疼愛我女兒，這些真的都幫了我許多大忙。

如同書裡所呈現的，生下孩子後的住院生活真的是一團糟，我甚至覺得

「不管做什麼，都比住院來得好！」

現在想想，住院的那段期間，真可說是教導我如何成為人母的媽媽特訓班呀……

話說我女兒真的是可愛極了。

我的工作速度完全追不上女兒的成長腳步。

這本書出版時，我女兒也已經比書中的時候又大了一歲。

女兒最近很愛說話，也很喜歡玩拼圖與紙牌遊戲。

就連我自己看這本書時，回想起女兒小時候的一些事情，
也會感嘆地說：「好懷念喔～」
不過，過去發生的一切，都讓我覺得「好開心、好愉快呀……」

現在的我非常享受親子生活。
前陣子，女兒第一次成功地自己去廁所上大號，我開心得眼淚都飆了出來。
就連大便這種小事也能開心成這樣，就知道有孩子的生活是多麼棒、多麼美好了。
不過，孩子也就這樣一點一點慢慢放開父母的雙手……

我希望自己的工作速度能夠漸漸追上孩子的成長腳步。
我會更努力，讓下一本新作能夠早一點推出。
最後，我要感謝貼心又經常伸出援手的好老公，
也要向我的婆婆說聲謝謝。
還有總是遠遠守護著我的父親母親，謝謝您們。
即便我遲遲未能推出新作品，卻依舊耐心等著我的讀者們，真的非常感謝大家。
抱歉，讓各位久等了！

在此懇請大家，今後也要繼續給我支持與鼓勵唷！

2020年1月　高木直子

媽媽的每一天：
高木直子東奔西跑的日子

每天每天，我都跟小米一起全力以赴玩耍跟學習。
時間過得很快，每一個階段都有它的主題曲，一樣是手忙腳亂、東奔西跑的每一天，卻也是快樂又充實的每一天。

媽媽的每一天：
高木直子陪你一起慢慢長大

不想錯過女兒的任何一個階段，二十四小時，整年無休，每天陪她，做她「喜歡」的事……
媽媽的每一天，教我回味小時候，教我珍惜每一天的驚濤駭浪。

已經不是一個人：
高木直子40 脫單故事

一個人可以哈哈大笑，現在兩個人一起為一些無聊小事笑得更幸福；一個人閒散地喝酒，現在聽到女兒的飽嗝聲就好滿足。

再來一碗：
高木直子全家吃飽飽萬歲！

一個人想吃什麼就吃什麼！兩個人一起吃，意外驚喜特別多！現在三個人了，簡直無法想像的手忙腳亂！
今天想一起吃什麼呢？

150cm Life
(台灣出版16周年全新封面版)

150公分給你歡笑，給你淚水。不能改變身高的人生，也能夠洋溢絕妙的幸福感。送給現在150公分和曾經150公分的你。

一個人住第5年
（台灣限定版封面）

送給一個人住與曾經一個人住的你！
一個人的生活輕鬆也寂寞，卻又難割捨。有點自由隨興卻又有點苦惱，這就是一個人住的生活！

一個人住第9年

第9年的每一天，都可以說是稱心如意……！終於從小套房搬到兩房公寓了，終於想吃想睡、想洗澡看電視，都可以隨心所欲了！

一個人住第幾年？

上東京已邁入第18個年頭，搬到現在的房子也已經第10年，但一個人住久了，有時會懷疑到底還要一個人住多久？

一個人上東京
(陪你奮鬥貼紙版)

一個人離開老家到大城市闖蕩，面對不習慣的都市生活，辛苦的事情比開心的事情多，卯足精神求生存，一邊擦乾淚水，一邊勇敢向前走！

生活系列

一個人漂泊的日子①

離開老家上東京打拚，卻四處碰壁。大哭一場後，還是和家鄉老母說自己過得很好。
送給曾經漂泊或正在漂泊的你，現在的漂泊，是為了離夢想更進一步！

一個人漂泊的日子②

一個人漂泊的日子，很容易陷入低潮，最後懷疑自己的夢想。
但當一切都是未知數，也千萬不能放棄自己最初的信念！

一個人好想吃：高木直子念念不忘，吃飽萬歲！

三不五時就想吃無營養高熱量的食物，偶爾也喜歡喝酒、B級美食……
一個人好想吃，吃出回憶，吃出人情味，吃出大滿足！

一個人做飯好好吃

自己做的飯菜其實比外食更有滋味！一個人吃可以隨興隨意，真要做給別人吃就慌了手腳，不只要練習喝咖啡，還需要練習兩個人的生活！

一個人搞東搞西：高木直子閒不下來手作書

花時間，花精神，花小錢，竟搞東搞西手作上癮了；雖然不完美，也不是所謂的名品，卻有獨一無二的珍惜感！

一個人好孝順：高木直子帶著爸媽去旅行

這次帶著爸媽去旅行，卻讓我重溫了兒時的點滴，也有了和爸媽旅行的故事，世界上有什麼比這個更珍貴呢……

一個人的第一次（第一次擁有雙書籤版）

每個人都有第一次，每天都有第一次，送給正在發生第一次與回憶第一次的你，希望今後都能擁有許多快樂的「第一次」！

我的30分媽媽

最喜歡我的30分媽咪，雖然稱不上「賢妻良母」啦，可是迷糊又可愛的她，把我們家三姊弟，健健康康拉拔長大……

一個人邊跑邊吃：
高木直子呷飽飽馬拉松之旅

跑步生涯堂堂邁入第4年，當初只是「也來跑跑看」的隨意心態，沒想到天生體質竟然非常適合長跑，於是開始在日本各地跑透透……

一個人出國到處跑：
高木直子的海外歡樂馬拉松

第一次邊跑邊喝紅酒，是在梅鐸紅酒馬拉松；第一次邊跑邊看沐浴朝霞的海邊，是在關島馬拉松；第一次參加台北馬拉松，下起超大雨！

一個人去跑步：
馬拉松1年級生

天天一個人在家工作，還是要多多運動流汗才行！
有一天看見轉播東京馬拉松，一時興起，我也要來跑跑看……

一個人去跑步：
馬拉松2年級生

這一次，突然明白，不是想贏過別人，也不是要創造紀錄，而是想挑戰自己，「我」，就是想要繼續快樂地跑下去……

一個人吃太飽：
高木直子的美味地圖

只要能夠品嚐美食，好像一切的煩惱不痛快都可以忘光光！
只要跟朋友、家人在一起，最簡單的料理都變得好有味道，回憶滿滿！

一個人和麻吉吃到飽：
高木直子的美味關係

熱愛美食，更愛和麻吉到處吃吃喝喝的我，這次特別前進台灣。一路上的美景和新鮮事，更讓我願意不停走下去、吃下去啊……

一個人暖呼呼：
高木直子的鐵道溫泉秘境

旅行的時間都是我的，自由自在體驗各地美景美食吧！
跟著我一起搭上火車，遨遊一段段溫泉小旅行，啊～身心都被療癒了～

一個人到處瘋慶典：
高木直子日本祭典萬萬歲

走在日本街道上，偶爾會碰到祭典活動，咚咚咚好熱鬧！原來幾乎每個禮拜都有祭典活動。和日常不一樣的氣氛，讓人不小心就上癮了！

（行李箱捨不得貼紀念版）

一個人去旅行：
1 年級生

一個人去旅行，好玩嗎？一個人去旅行，能學到什麼呢？不用想那麼多，愛去哪兒就去哪吧！
試試看，一個人去旅行！

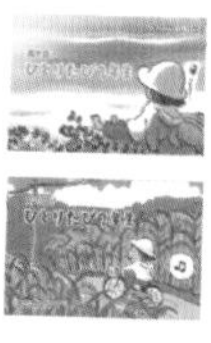

（行李箱捨不得貼紀念版）

一個人去旅行：2 年級生

一個人去旅行的我，不只驚險還充滿刺激，每段行程都發生了許多意想不到的插曲……這次為你推出一個人去旅行，五種驚豔行程！

慶祝熱銷！
高木直子限量筆記贈品版

一個人的狗回憶：高木直子到處尋犬記

泡泡是高木直子的真命天狗！16年的成長歲月都有牠陪伴。「謝謝你，泡泡！」喜歡四處奔跑的你，和我們在一起，幸福嗎？

一個人住第9年

第9年的每一天，都可以說是稱心如意……！終於從小套房搬到兩房公寓了，終於想吃想睡、想洗澡看電視，都可以隨心所欲了！

150cm Life ②

我的身高依舊，沒有變高也沒有變矮，天天過著150cm的生活！不能改變身高，就改變心情吧！150cm最新笑點直擊，讓你變得超「高」興！

150cm Life ③

最高、最波霸的人，都在想什麼呢？一樣開心，卻有不一樣的視野！
在最後一集將與大家分享，這趟簡直就像格列佛遊記的荷蘭修業之旅～

我的30分媽媽 ②

溫馨趣味家庭物語，再度登場！
特別收錄高木爸爸珍藏已久的「育兒日記」，揭開更多高木直子的童年小秘密！

高木直子周邊產品禮物書

Run Run Run

TITAN 129

媽媽的每一天
高木直子手忙腳亂日記

高木直子◎圖文
洪俞君・陳怡君◎翻譯　陳欣慧◎手寫字

出版者：大田出版有限公司
台北市104中山北路二段26巷2號2樓
E-mail：titan@morningstar.com.tw
http：//www.titan3.com.tw
編輯部專線（02）25621383
傳真（02）25818761
【如果您對本書或本出版公司有任何意見，歡迎來電】
法律顧問：陳思成

填回函雙重贈禮♥
①立即送購書優惠券
②抽獎小禮物

總編輯：莊培園
副總編輯：蔡鳳儀
行政編輯：鄭鈺澐
行銷編輯：張筠和
編輯：葉羿妤
校對：黃薇霓／金文蕙
初版：二〇二〇年五月一日
二十五刷：二〇二三年十月十二日
定價：新台幣 320 元

網路書店：http://www.morningstar.com.tw（晨星網路書店）
讀者專線：04-23595819 # 212
購書E-mail：service@morningstar.com.tw
郵政劃撥：15060393（知己圖書股份有限公司）
印刷：上好印刷股份有限公司
國際書碼：ISBN 978-986-179-591-1 / CIP：544.141 / 109003302